Paul de Rémusat

Des races humaines

essai

ISBN : 978-1534946583

10 9 8 7 6 5 4 3 2 1

Paul de Rémusat

Des races humaines

essai

Table de Matières

Des races humaines

Les questions scientifiques sont de deux sortes. En général elles se résolvent soit par des expériences immédiates, soit par des hypothèses destinées à devenir des sujets d'expériences, pour être alors confirmées ou détruites. Ainsi lorsque Newton décidait, d'après les lois de la réfraction, que l'eau devait renfermer un corps combustible, il faisait une hypothèse que Lavoisier confirma plus tard en découvrant la composition de l'eau. Les questions de ce genre appartiennent à la science proprement dite. Elles n'intéressent que les savants, eux seuls se croient en droit de les traiter et de les résoudre, et on ne les aborde jamais qu'avec timidité, car l'expérience est là qui vous menace et peut détruire en un instant les théories les plus habilement et en apparence les plus solidement construites. Mais la science comprend aussi d'autres problèmes, souvent aussi importants, mais plus spéculatifs que les premiers, et qui ne peuvent jamais se prêter aux expériences : ils se résolvent par des opinions, des croyances que l'on appelle parfois improprement des hypothèses, mais qu'aucune vérification ne peut atteindre, et qui ne sont pas susceptibles d'une démonstration mathématique. Ainsi Laplace expliquant la formation des planètes par la condensation de l'atmosphère solaire avançait une simple conjecture plus ou moins probable, mais dont aucune expérience ne pourra jamais démontrer la vérité. Ce genre de problèmes est en général préféré par les écrivains. On n'est pas exposé, en les traitant, à tomber sous la froide main de l'expérience et à recevoir d'elle de cruels démentis. Une importante question de physiologie qui divise les savants et qui est encore loin de recevoir une solution certaine et définitive appartient à ce genre : c'est la question de savoir s'il y a plusieurs espères humaines. Elle touche presque à la création, et il est impossible de la soumettre à des vérifications pratiques ; aussi la science renferme-t-elle peu de questions plus souvent débattues et qui aient donné lieu à des hypothèses plus nombreuses. Nous allons essayer, sinon de résoudre, le problème, du moins d'exposer en quoi il consiste et d'indiquer les solutions proposées, en procédant avec impartialité et précaution, comme s'il appartenait aux problèmes du premier genre, comme si nos hypothèses pouvaient être anéanties d'un jour à l'autre, victimes de la rude franchise des expérimentateurs.

Voyons d'abord en quoi consiste la discussion, quelles sont les bases sur lesquelles elle s'appuie. Sans croire aux faunes et aux sirènes, aux pygmées dont parle saint Jérôme, aux cyclopes et aux hermaphrodites que ne rejette pas saint Augustin, à ces hommes qui n'avaient qu'une jambe et qui étaient obligea de marcher deux à deux, il est impossible de ne pas admettre entre les nations qui peuplent le globe des différences considérables. Non-seulement la culture intellectuelle, la nature et le développement de la civilisation varient d'un pays à l'autre, mais l'organisation physique elle-même est loin d'être partout identique. Les différences qu'elle présente et que nous allons énumérer tout à l'heure sont-elles permanentes ? Le temps, les climats, les circonstances locales, le genre de vie, le degré de civilisation, ont-ils sur elles quelque influence ? Doivent-elles être attribuées aux modifications successives d'un type primitif, ou ont-elles existé de tout temps ? En un mot y a-t-il eu originairement plusieurs races distinctes, qui pourraient alors porter le nom d'espèces, ou tous les hommes descendent-ils d'une souche unique ? Enfin toutes les différences organiques coïncident-elles avec des différences intellectuelles et morales, et les divisions de l'histoire politique sont-elles avouées par l'histoire naturelle ?

Il semble au premier abord que ces questions pourraient être résolues par les termes des récits bibliques ; mais les progrès des sciences ont conduit de sages commentateurs à ne pas s'en tenir au sens littéral du texte sacré, et, pour le bien comprendre, il faut d'abord étudier les choses en elles-mêmes et arriver, si l'on peut, à une connaissance exacte de la nature. L'église accorde à l'interprétation une grande latitude, et c'est avec une pleine liberté que tous les esprits qui réfléchissent peuvent aborder la question des origines du genre humain. Dans tous les cas, on peut, sans grand effort d'abstraction, se la poser comme un problème scientifique et l'examiner en elle-même, indépendamment de toute autorité ; ainsi doit la considérer soit l'historien, soit le naturaliste. Une double science encore peu avancée, et dont les premiers progrès sont récents, est sortie de ces recherches : c'est l'*ethnographie*.

Les différentes questions qu'agite cette science se représentent naturellement à l'esprit toutes les fois que l'on considère les destinées des sociétés, et comment, dans le temps où nous vivons, ne pas revenir incessamment à cette étude ? Les hommes sont une des espèces vivantes à la surface du globe ; les hommes y ont formé de temps immémorial des associations offrant des traits communs et des caractères différents ; les hommes sont des individus pensants que leur raison met dans un rapport particulier avec eux-mêmes et avec tout ce qui les entoure. De là viennent trois questions d'origine qui intéressent l'histoire naturelle, l'histoire proprement dite et la philosophie. Cependant cette étude importante, sur laquelle un assez grand nombre de livres ont été publiés dans ces vingt dernières années, avait longtemps été négligée. Les anciens philosophes ne s'en sont guère occupés. Leur connaissance limitée de la surface du globe, leur entière ignorance de l'existence de certains peuples ; les préjugés de leur mythologie, leur méthode scientifique si peu sûre, les rendaient incapables d'envisager sous son véritable jour cette grande question. Ils étaient cependant mieux placés que nous pour l'éclaircir, car de jour en jour la facilité des communications, les nouveaux usages, les croisements de races ont dû, sinon effacer, du moins altérer la physionomie originelle des nations. Longtemps, et récemment encore, des principes opposés, des partis pris d'avance ont aveuglé les observateurs. La plupart de ceux qui ont discuté cette question dans le principe se sont laissé influencer par des considérations étrangères à la science. Les uns, comme Voltaire, ont soutenu la diversité originelle du genre humain pour trouver dans la Bible des impossibilités physiques, des erreurs d'histoire naturelle ; les autres, comme Prichard, pour détendre une certaine interprétation des livres saints, ont soutenu l'unité. Quelques-uns, cherchant à justifier la traite des nègres, ont allégué une inégalité permanente et fondamentale entre les hommes. Des philanthropes, au contraire, ont voulu attaquer cet odieux commerce, en s'efforçant de démontrer que tous les hommes descendent d'un couple unique, ou du moins de couples identiques. Toutes ces considérations sont étrangères à la science. Nous ne devons-nous préoccuper dans cette étude que des raisons vraiment scientifiques ; nous devons rejeter toutes les idées arrêtées d'avance qui condamnent l'investigateur à repousser des vérités évidentes ou à admettre comme démontrées des suppositions gratuites ; nous chercherons à exposer toutes les hypothèses, à développer toutes les théories, sans voiler leur faiblesse et sans

Paul de Rémusat

atténuer leur force ; nous aspirons à l'impartialité. C'est elle seule qui doit nous conduire dans cette recherche, et nous devons nous souvenir de ces paroles de Haller : *Boni viri nullam oportet esse causam præter veritatem.*

Linnée est le premier qui ait songé à établir dans le genre humain des divisions naturelles. Il compte quatre races, d'après les quatre parties du monde. Moïse, et plus tard Éphore de Cumes, avaient déjà divisé les hommes : l'un en trois races, d'après les trois fils de Noé, l'autre en quatre, d'après les quatre points cardinaux ; mais ce ne sont pas là des classifications scientifiques, et ce n'est qu'au XVIIIe siècle, que l'étude de l'homme, à ce point de vue, a pris une place sérieuse dans la science. La division de Linnée elle-même était du reste plus géographique que zoologique, et quelques années plus tard, en 1788, Gmelin et peu après lui Kant divisèrent l'homme, suivant sa couleur, en quatre variétés : le blanc, le basané, le noir et le cuivré. Buffon et Cuvier augmentèrent ce nombre, et, laissant l'Américain de côté, admirent six variétés. Blumenbach, Herder, Hunter, Lawrence, Duméril, Malte-Brun, etc., établirent encore un grand nombre de divisions fondées sur des caractères naturels, et dont nous donnerons une idée en décrivant ces caractères. Cependant, jusqu'au XIXe siècle, on n'avait pas songé à considérer scientifiquement les différences humaines comme permanentes, on croyait qu'elles ne formaient que des variétés ou des races dans une espèce unique. En 1821, M. Virey, et peu après MM. Desmoulins et Bory de Saint-Vincent s'aperçurent que les différences entre les hommes sont telles qu'elles peuvent donner lieu à une division plus profonde, et ils distinguèrent dans le genre humain, l'un deux, et les autres quinze et seize espèces. À cette époque seulement, la nouvelle science a pris une place éminente parmi les diverses branches de l'histoire naturelle, car c'est surtout lorsqu'on admet des différences originelles et permanentes que la classification humaine offre de l'intérêt. Si au contraire on croit à l'unité absolue, si l'on pense que les hommes, semblables les uns aux autres dans les premiers temps, sont allés prendre des caractères différents dans diverses régions du globe, cette recherche devient vaine et stérile. Que nous importe d'établir une classification entre des types qui ne portent point un sceau originel, entre des formes qui varient d'un jour à l'autre, de sorte que chaque siècle, chaque année même, peuvent anéantir certaines races ou en créer de nouvelles ? Rechercher au contraire si dès l'origine les différences organiques ont existé, si elles se sont transmises intactes à travers les siècles, si elles coïncident avec des différences intellectuelles, comment ces différences, combinées par des croisements, ont produit de nouvelles nations, et expliquer ainsi l'histoire par la physiologie, l'esprit et les mœurs des nations par la nature intime des peuples dont le mélange les a produites, c'est une des études les plus curieuses, les plus intéressantes, les plus propres à jeter du jour sur la destinée, la politique et la civilisation des peuples.

On le voit, cette question peut être l'objet de deux modes de recherches scientifiques : celui de l'historien critique ou philosophe qui, étudiant les races dans les actes de l'humanité, prouve ou cherche leur existence dans leurs effets, ou explique les faits par leur existence supposée, et celui du naturaliste qui s'informe peu des conséquences sociales et politiques, et ne s'occupe que de l'organisation physique des hommes. C'est sous ce dernier point de vue seul que nous allons envisager cette question. Nous laisserons de côté l'histoire, la linguistique, l'archéologie, qui peuvent aider à la détermination du nombre, de races ou d'espèces humaines ; nous ne voulons pas rechercher combien la terre renfermerait d'espèces d'hommes différentes, mais simplement s'il y a des raisons d'en admettre plusieurs au point de vue zoologique. C'est un simple problème de physiologie. D'autres verront si les divisions zoologiques concordent avec les divisions de l'histoire et de la géographie ; notre travail se bornera à énumérer d'une manière générale les différences observées entre les hommes, et à examiner ensuite s'il est évident que ces différences puissent être le résultat d'influences extérieures. Qu'on ne s'effraie pas cependant, nous essaierons d'être dans cette question aussi peu technique que possible ; nous écarterons les expressions pédantesques qui pourraient n'être pas familières à nos lecteurs. Le langage scientifique est commode pour les découvertes et facilite l'étude ; mais il est rarement indispensable à l'exposition des doctrines et des théories. S'il est utile de populariser les sciences, il n'est nullement nécessaire d'en vulgariser le langage. Les sciences ne demandent pas à conquérir le monde, elles ne le peuvent ni ne le doivent ; mais elles sont à leur plus haut point de gloire quand ceux qui ne s'y attachent pas les

Paul de Rémusat

connaissent assez pour en sentir le prix et la beauté.

La question des races humaines a été traitée l'année dernière dans deux ouvrages importants, le *Cours de Physiologie* de M. Bérard et *l'Homme et les Races humaines* de M. Hollard. Ce ne sont certes pas les seuls travaux publiés sur cette question ; depuis vingt ans, les physiologistes et les philosophes cherchent à la résoudre, mais ces deux livres sont les plus récents, et, pour les livres scientifiques, les plus récents sont d'ordinaire les meilleurs. Ils sont en outre conçus avec impartialité et écrits dans des opinions différentes par deux hommes savants et distingués. Nous les prendrons pour guides dans cette étude.

Le caractère le plus évident, celui qui nous frappe le plus, lorsque nous examinons deux hommes d'origine différente, c'est la coloration de la peau. Voltaire disait : « Le premier blanc qui vit un nègre dut être bien étonné, mais le raisonneur qui m'assure que le nègre vient du blanc m'étonne bien davantage. » Outre cette différence du blanc au noir, il existe d'autres variétés de coloration non moins caractéristiques. Ainsi la plupart des Américains sont cuivrés. La peau est jaune chez les Malais, feuille-morte chez les Hottentots, olivâtre chez les Polynésiens, etc. L'iris est tantôt noir, tantôt brun, tantôt même tout à fait incolore, comme chez les albinos ; mais dans ce dernier cas ce n'est point un caractère important, car il n'existe pas de peuples d'albinos, c'est une simple difformité accidentelle. Le système pileux offre aussi des diversités considérables ; tantôt les poils couvrent le corps tout entier, tantôt la peau est glabre et parfaitement lisse, chez les Américains par exemple, et la tête seule est couverte de cheveux. Ces cheveux mêmes sont lisses chez les Européens, crépus et laineux chez certains nègres, rares chez les peuplades du Nord, très abondants chez quelques nations méridionales, les Papous en particulier. Sous le rapport de la forme du reste, les différences sont plus apparentes que réelles, et il ne faut pas identifier, comme on l'a fait parfois, la chevelure du nègre avec la toison de la brebis. Il est vrai que chez le premier comme chez la seconde, les poils présentent la même apparence, que dans les deux cas aussi ils sont enduits d'une sorte d'huile grasse douce au toucher ; mais la conformation anatomique est différente. Les filaments d'une toison présentent de petites aspérités qui leur permettent de se feutrer, et sont plus épais au bord libre qu'à leur autre extrémité, ce qui n'existe pas chez le nègre. On ne pourrait faire du drap, ni aucune espèce d'étoffe, analogue aux étoffes de laine, avec les cheveux des noirs. Cependant la forme des poils peut varier d'un individu à l'autre. On a remarqué qu'ils sont d'autant plus aplatis qu'ils frisent plus facilement. Ainsi ils sont cylindriques chez les Européens, mais aplatis chez les nègres et surtout chez les Papous, si remarquables par leur chevelure abondante et bouclée, qui s'élève parfois à plus d'un pied au-dessus de leur tête. La longueur des cheveux est aussi très variable. Chez les Européens et les Américains, surtout parmi les femmes, ils peuvent tomber jusqu'aux genoux et parfois même jusqu'à terre. Ils sont plus courts chez les peuples de couleur foncée ; les nègres, par exemple, ont rarement des cheveux qui excèdent une longueur d'un décimètre. Quant à la couleur de la chevelure, elle est loin de former un caractère distinctif et permanent. Cependant certaines nuances se rencontrent plus habituellement que d'autres dans certains pays : on compte plus de blonds chez les nations du Nord que chez celles du Midi, plus de roux chez les Allemands que chez tout autre peuple. Enfin il est une contrée, en Amérique, où l'on trouve une coloration de cheveux inconnue partout ailleurs. M. Prichard raconte que chez les Mandons, tribu des Dohcotas, dont il reste à peine aujourd'hui quelques individus, un grand nombre d'enfants, de jeunes gens et de femmes ont les cheveux d'un gris brillant et argenté, parfois même presque blancs. Cela se rencontre plus souvent chez les femmes que chez les hommes, qui en paraissent honteux et teignent leur chevelure avec une terre rouge ou noire. Les femmes au contraire en sont fières et y appliquent leur coquetterie.

La forme de la tête varie d'une race à l'autre, et il y a presque autant de différence entre les crânes d'un Européen et d'un Éthiopien qu'entre ceux de l'Éthiopien et du singe. Chez l'un, les dents sont verticales, le front droit, la mâchoire inférieure peu avancée ; chez l'autre, les dents sont proclives, le front fuyant, les pommettes saillantes, etc. Chez l'Européen, la partie supérieure du crâne est à peu près ovale ; chez le nègre, la tête est rétrécie transversalement ; chez le Caraïbe, elle se prolonge en arrière et affecte la forme d'un concombre. Ces différences ont servi de base à un grand nombre de classifications. La principale de ces méthodes, auxquelles on donne le nom de méthodes crâniennes, se tire de la mesure de l'angle facial de Camper. Cet angle est formé par l'écartement de deux lignes partant de l'épine nasale antérieure et se dirigeant l'une horizontalement en arrière, l'autre en haut, de manière à toucher la partie la plus avancée du front. Il est, comme on le voit, d'autant plus ouvert que le front est moins fuyant, et que le type observé appartient à une race plus intelligente. M. Virey s'est servi de cette méthode pour diviser les hommes en deux espèces : chez l'une, l'angle varie entre 85 et 90 degrés ; chez l'autre, il est de 75 à 85 degrés ; chez le singe, il n'a guère que 35 ou 40 degrés, tandis que chez l'Apollon du Belvédère ou la Méduse de Sosiclès, il atteint 100 degrés. Ce caractère, quoique fort important, ne doit pas être pris pour base unique de classification ; on ne doit pas, comme Camper, en tirer la seule différence fondamentale entre les hommes et les animaux, mais on doit en tenir un compte sérieux, et il est assez permanent pour que des physiologistes l'aient considéré comme une preuve excellente de l'existence de plusieurs espèces dans le genre humain.

La situation du trou occipital (par où passe la moelle épinière), la dureté ou la blancheur plus ou moins grande des os qui composent le crâne, la solidité de leurs sutures, la saillie des pommettes, etc., sont encore des caractères qu'il ne faut pas négliger. Enfin la capacité du crâne a servi de base à plusieurs classifications, il y a peu d'années, un Américain célèbre dans ce genre de recherches, M. Morton, a ressuscité un procédé déjà employé par Tiedemann il a mesuré la capacité du crâne chez un grand nombre de sujets, en le remplissant comme un vase avec du poivre pilé bien sec, et il a établi ainsi une classification dans laquelle les Américains forment une espère à part. Sans ajouter foi à la phrénologie et à la localisation matérialiste des facultés humaines, sans penser que les hommes diffèrent des animaux parce qu'ils ont certaines protubérances de plus ou de moins dans le cerveau, il est impossible de ne pas être frappé du rapport qui existe d'ordinaire entre la capacité du crâne et l'élévation des facultés. S'il est vrai que parfois des idiots et des fous présentent un développement monstrueux de la tête, cela tient à une déformation, et le cerveau ne remplit pas alors exactement la cavité crânienne. Des faits saillants tendent à prouver que l'état de l'intelligence est en rapport avec le volume de cet organe. Ainsi un cerveau ordinaire pesé environ 1250 grammes ;

celui de Cromwell pesait 2231 gr., d'après Baldinger ; celui de lord Byron, 2238 grammes ; celui de Dupuytren, 1436 gr., et celui de Cuvier, 1829 grammes, Les deux premières évaluations sont probablement un peu exagérées, mais les deux autres sont certaines. D'autres faits, observés pas M. Lélut, tendent à la même conclusion ; M. Morton, en mesurant la capacité des crânes chez les différentes races, est arrivé à des résultats identiques, et il a fondé ainsi sa classification à la fois sur des différences organiques et sur des variétés intellectuelles.

Le squelette vous présente aussi des diversités nombreuses et importantes, car les agents extérieurs paraissent devoir agir avec moins de facilité sur la conformation des os que sur les traits du visage ou la coloration de la peau. Certains peuples ont le tronc plus long et les membres plus courts que d'autres. Une courbure très sensible des cuisses et des jambes fait paraître un peu arqués les nègres les mieux faits. Chez les Hottentots, la cavité de l'humérus est percée d'un trou qui n'existe pas chez les autres peuples. Les Boschismans ont des membres grêles, des bras longs, des pieds plats et assez analogues à leurs mains, organisation qui les éloigne des Européens pour les rapprocher des orangs, etc.

La stature n'est pas la même chez tous les hommes. Il n'a jamais existé, il est vrai, de peuples de nains ni de peuples de géants ; les Patagons n'ont pas trois ou quatre mètres de haut, Comme le croyaient Magellan et les premiers voyageurs qui le suivirent dans ces contrées inconnues. Toutes les fois que l'on a attribué à des géants ces énormes ossements découverts dans le sein de la terre, des recherches plus exactes ont démontré qu'ils appartenaient à ces énormes pachydermes antédiluviens dont nous avons peine à concevoir l'existence. Cependant on peut dire d'une manière générale que chez certains peuples une haute taille est plus commune que chez d'autres. Ainsi les Patagons ont presque tous une stature au-dessus de la moyenne, près de six pieds ; les Lapons, au contraire, sont les plus petits des hommes. Chez quelques peuples, on trouve aussi, ce qui est très fréquent chez les animaux, des femmes plus grandes et plus fortes que les hommes.

À l'égard de la durée de la vie, elle est à peu près la même chez tous les peuples, et rien ne prouve qu'elle ait beaucoup varié depuis le commencement du monde. S'il est vrai que les premiers hommes, et les peuples sauvages encore aujourd'hui, vivant dans la simplicité d'un état champêtre, ne connaissaient pas un grand nombre de maladies, il faut ajouter qu'ils ignoraient aussi l'art de les guérir, et que leur nourriture était moins saine et moins fortifiante. Quoi qu'on en ait dit, même sous ce rapport, la civilisation nous a rendu de grands services. Une meilleure nourriture, un logement plus sain, un meilleur vêtement, élèvent la taille et augmentent la force de l'homme ; une manière de vivre nécessiteuse le dégrade. Ce sont les peuples les plus sauvages, ce sont ces hommes de la nature qui habitent les verdoyantes îles de la Mer du Sud, et qui donnaient à Rousseau la velléité de ramper sur ses quatre membres, qui nous présentent la vie la plus courte, l'organisation la plus débile. Les nombreuses découvertes dans les sciences et les arts ont prolongé la vie humaine au-delà des limites connues dans l'antiquité. Emilius Macer, dans ses considérations sur la *lex Falcidia*, réduit à une proportion singulièrement faible la durée de la vie que peut encore se promettre l'homme arrivé à un âge donné. Suivant ses calculs, on ne doit plus compter que sur vingt années à l'âge de trente-cinq ou quarante ans ; sur dix-huit années à l'âge de quarante ou quarante-cinq ans, et sur neuf années seulement quand on est parvenu à l'âge de cinquante ou cinquante-cinq ans. Les calculs fondés sur des observations récentes offrent encore une perspective de vingt-neuf années à l'homme âgé de quarante ans, et peuvent faire espérer une existence de vingt et une années à celui qui a atteint l'âge de cinquante ans. En Australie les hommes sont vieux à quarante ans et dépassent rarement la cinquantaine. Loin que les sauvages soient plus vigoureux que les hommes civilisés, nous voyons au contraire la force être en raison directe de la civilisation. Ainsi elle est de 58,6 pour les habitants de Timor, de 50,6 pour ceux de la Nouvelle-Hollande, de 69,2 pour les français, et de 71,4 pour les Anglais.

Telles sont les principales différences physiques que l'on remarque entre les hommes. Nous n'en avons donné qu'un aperçu rapide ; cependant on voit qu'elles sont considérables et peuvent servir de base à des classifications nombreuses, à des divisions bien limitées. Quelques auteurs cependant n'en tiennent aucun compte. Suivant eux, les différences physiques ne sont rien : il ne faut se préoccuper dans l'étude de l'homme que des qualités morales, des facultés intellectuelles. Or, disent-ils, chez tous les hommes, on a rencontré des institutions sociales de même nature ; tous connaissent la différence du bien et du mal, tous croient à un Dieu, à des peines et à des récompenses après la mort ; chez les naturels les plus grossiers de la Nouvelle-Hollande, on reconnaît tous les germes des sentiments et des idées qui, développés par la culture, donnent lieu chez les autres nations aux plus nobles manifestations de la nature humaine. Ils éprouvent tous, quelles que soient leur structure et leur couleur, l'amour, la colère, la haine et l'amitié. Les mêmes désirs, les mêmes aversions les font agir dans les steppes glacées de la Sibérie et dans les déserts brûlants de l'Afrique. Ils possèdent tous la même nature, si ce n'est la même dose d'intelligence. Tous enfin ont reçu du ciel ce don précieux auquel l'homme doit toute sa force, toute sa puissance, toute sa grandeur, grâce auquel il parvient à représenter les idées générales et à les graver facilement dans sa mémoire, et qui fournit aux individus des moyens de communication entre eux. Cette ressemblance, cette identité entre tous les hommes doit, dit-on, seule nous frapper. L'homme est un être intelligent ; il ne faut donc se préoccuper, en l'étudiant, que de l'intelligence ; c'est sur cette base seule qu'il faut établir des classifications, et, cette faculté étant partout la même, on doit en conclure que l'espèce est une, et que les distinctions établies entre les hommes sont passagères et sans intérêt. Cette théorie est vraie dans une certaine limite. L'intelligence en effet et la parole sont des facultés inhérentes aux hommes et qui établissent entre eux et les animaux une barrière infranchissable. Ce sont ces facultés qui avaient fait diviser le règne animal, par les philosophes de l'école, en animaux raisonnables et en animaux sans raison. Elles doivent nous empêcher d'adopter les idées de Linnée, qui plaçait l'homme dans la même classe que le singe et la chauve-souris. Cependant, si tous les hommes diffèrent des animaux par ces dons précieux, il n'en résulte pas qu'ils soient tous semblables, et qu'il n'y ait pas entre eux, même, sous ce rapport, des différences considérables ; On peut dire, j'en conviens, que la nature étant partout la même, les hommes ont dû nécessairement adopter les mêmes vérités et les mêmes erreurs dans les choses qui tombent le plus sous les sens et qui frappent le plus l'imagination. De ce que les instruments intellectuels se ressemblent à peu près partout, doit-on conclure à une égalité absolue d'intelligence ? De ce que l'on admet, ce qui n'est pas même tout à fait démontré, que tous les hommes sont capables d'une certaine culture, on conclut à l'identité ; mais cette culture, nous ne l'avons reçue de personne, nous nous la sommes donnée à nous-mêmes. Elle n'est pas tombée sur nous du ciel comme une rosée bienfaisante ; nous la devons à nos propres forces, aux efforts de notre intelligence. Pourquoi tous les peuples ne sont-ils pas dans le même cas ? De ce qu'un nègre peut apprendre à calculer, en résulte-t-il qu'il puisse découvrir le binôme de Newton ? Si le Hottentot a les mêmes facultés que l'Européen, pourquoi n'a-t-il pas inventé l'imprimerie et la vapeur ? Peut-on comparer un instant ces Caraïbes vagabonds, grossiers, paresseux, sans lois, presque sans religion, étrangers à l'agriculture, pouvant à peine compter jusqu'à cinq, lorsque, suivant Gall, la pie elle-même peut compter jusqu'à neuf, dépérissant chaque jour et ayant aujourd'hui presque disparu comme ces animaux imparfaits que l'on retrouve dans le sein de la terre ; peut-on, dis-je, les comparer, l'organisation physique même étant mise à part, avec ces peuples sérieux, réfléchis, habiles dans tous les arts, ayant découvert toutes les sciences, jouissant de tous les bienfaits du luxe et de l'industrie, pleins de patriotisme et de fierté, qui aiment et qui savent respecter les lois avec passion, suivant l'expression de Montesquieu' ? N'y a-t-il pas là des différences profondes et immuables qui suffiraient peut-être à elles seules pour fonder des classifications bien définies et profondément limitées ?

Malgré ces différences nombreuses dans les facultés intellectuelles, nous pensons qu'une bonne classification devrait reposer sur les diversités d'organisme. Il est probable du reste que, dans les deux systèmes, on arriverait à un résultat analogue. Occupons-nous donc seulement des différences organiques, et cherchons si elles sont permanentes. Un assez grand nombre de physiologistes, et M. Hollard est de cet avis, adopté déjà par M. Prichard dans un livre célèbre, ont pensé que les climats, les institutions, les coutumes diverses des nations peuvent expliquer toutes ces différences. L'expérience même nous apprend que la civilisation et l'état sauvage ont une grande action sur les formes extérieures du corps. Tous les animaux domestiques ont des couleurs et même des formes très différentes de celles qu'affectent ces mêmes animaux errant dans les forêts. Les chats sauvages sont tous gris et couverts de raies noires. Les chevaux abandonnés dans les plaines de l'Amérique prennent rapidement des caractères qui les distinguent des chevaux de nos écuries. Leur poil devient plus long, plus rude, plus touffu ; leur sabot se durcit, leur couleur même s'altère, et après une ou deux générations, ils sont tous bai-bruns. Ce n'est pas tout ; le squelette des animaux devenus sauvages se modifie. Entre le crâne du porc des étables et celui du cochon sauvage, il y a, suivant Blumenbach, la même différence qu'entre le crâne du nègre et celui du blanc civilisé. M. Solger a remarqué que chez les Hindous l'os de la jambe est très long, difformité qui se rencontre aussi chez la plupart des porcs de Normandie, sans que l'on ait songé à faire de cette race particulière une espèce à part. Les chiens sauvages n'aboient pas. Deux chiens amenés d'Amérique en Angleterre par le voyageur Mackenzie restèrent muets toute leur vie. Leur produit aboya en venant au monde. À la Nouvelle-Grenade, on trouve une variété de poules qui ont la crête, le périoste, l'intérieur de la bouche noirs ou d'un violet foncé (particularité qui se remarque aussi chez un grand nombre de femmes andalouses). Ce phénomène apparaît souvent chez des produits de poules ordinaires transportées dans ce pays. Suivant M. Roulin, il peut même se transmettre par voie de génération. Les moutons aussi éprouvent des changements considérables dans leur structure, la nature de leur toison, la forme et jusqu'au nombre de leurs cornes, sans que l'on ait songé à distinguer plusieurs espèces parmi ces animaux. Leur queue est souvent mince et grêle, et se transforme parfois en une masse si énorme et si lourde, que certaines variétés ont besoin d'un petit chariot pour la porter. Tous ces exemples et une foule d'autres qu'il serait trop long de reproduire ici ont fait penser à quelques naturalistes que les climats et la manière de vivre peuvent avoir une grande influence sur la forme extérieure du corps. Pourquoi donc, disent-ils, ne pas attribuer les diversités des hommes aux lieux qu'ils habitent ? Pourquoi ne pas chercher la cause de la couleur foncée du nègre dans le soleil des tropiques, de la forme de son crâne et de la longueur de ses membres dans sa vie sauvage, de la laine qui couvre sa tête dans l'habitude de vivre au fond des bois ? Puisque toutes ces causes agissent sur les animaux, pourquoi n'agiraient-elles pas sur les hommes ? N'observons-nous pas tous

Paul de Rémusat

les jours, dans les différentes régions d'une même contrée, que les campagnards ont la peau plus brune que les habitants des villes, que leur force est plus grande, leurs os plus solides ? Pourquoi distinguer plusieurs espèces parmi les hommes, lorsque l'on n'admet qu'une seule espèce de moutons, de chevaux et de chiens ? Les différences que nous remarquons entre un nègre et un Européen, un Mongol et un Américain, sont-elles plus profondes que celles qui séparent un chien danois d'un barbet, un chat sauvage d'un chat domestique ?

Ces raisonnements seraient excellents, si l'on avait vu en effet les climats agir sur les hommes comme ils agissent sur les animaux, si même les modifications qu'éprouvent ces derniers pouvaient se comparer aux variations que nous présente le type humain ; mais, en changeant de climat, les animaux n'éprouvent pas des changements beaucoup plus considérables qu'un homme lorsqu'il devient chauve, qu'il gagne ou qu'il perd de l'embonpoint ; dans tous ces cas, il conserve toujours les traits caractéristiques qui le font reconnaître. Pour que cette influence des climats et de la civilisation fut admise, il faudrait eu outre que partout où le climat est le même, partout où les habitudes, les mœurs sont analogues, la structure des habitants fût identique. Si l'état sauvage suffisait à changer la coloration des hommes comme celle des chevaux, la couleur des habitants d'un pays serait d'autant plus claire que leurs institutions seraient plus parfaites. Or les peuples jaunes, pour n'avoir pas le même genre de civilisation que les peuples blancs, ne leur sont guère intérieurs sous ce rapport, et les ont même précédés dans la voie du progrès. Certains noirs même ont possédé une civilisation assez avancée. Il existe en Amérique une peuplade qui porte le nom de Yuracarès, qui a toute la superstition, l'ignorance, la grossièreté des peuples les plus sauvages, et qui cependant est presque blanche. Enfin, en bonne logique, pour que l'influence des climats fût regardée comme la cause des variétés de l'espèce humaine, il faudrait citer des exemples de tels changements arrivés à des hommes ou à des races. Or, s'il y a quelque chose d'immuable sur la terre, c'est assurément la physionomie de chaque peuple. D'après le témoignage de tous les historiens, de tous les tableaux, de toutes les statues, les différents types humains ont existé de tout temps. Dès la plus haute antiquité, les peuples présentaient les mêmes caractères qui les distinguent encore aujourd'hui. Tacite dit que les Germains sont roux, et on peut se convaincre aisément que cette couleur est fort commune de l'autre côté du Rhin. Les Grecs ont hérité de la beauté de leurs ancêtres. On retrouve même dans les différentes villes de la Grèce les différents genres de beauté célébrés par les poètes. Suivant Pouqueville, les femmes de Sparte sont blondes et sveltes ; celles du Taygète ont le port de Pallas ; les Messéniennes se font encore remarquer par leur embonpoint, leurs grands yeux et leurs cheveux noirs. De tout temps il a existé des hommes ayant la peau brune, la mâchoire inférieure avancée, les cheveux laineux. Rien d'essentiel, rien d'organique n'est changé au bout d'une série de siècles dans la conformation des races. Quelles que soient leurs migrations, les peuples conservent toujours leurs caractères. Les Juifs sculptés sur les tombeaux des rois d'Égypte semblent être les portraits de ceux que nous voyons chaque jour. Enfin les différences ethniques ont plutôt diminué qu'augmenté, preuve certaine qu'elles ne sont pas dues aux climats, car cette cause continuerait d'agir si elle était réelle, et creuserait des divisions de plus en plus profondes. Qu'Importent les changements éprouvés par les animaux, si les hommes placés dans les mêmes alternatives, soumis aux mêmes influences, conservent tous leurs caractères ? Une des qualités de la nature humaine n'est-elle donc pas d'être peu affectée par les circonstances extérieures, de se maintenir identique dans les milieux les plus divers ? Loin de se soumettre aux climats et de varier avec eux, l'homme semble les plier à sa volonté, transformer la terre qui lui est donnée, imposer à la nature rebelle ses goûts et ses besoins, et porter pour ainsi dire, son ciel avec lui. Les exemples de cette permanence des types au milieu des circonstances les plus diverses sont nombreux. Suivant M. Freycinet, on trouve au midi de l'Amérique, vers le 55e parallèle, sous un ciel très froid, des noirs analogues aux Éthiopiens. Sur la côte d'Angole, à Saint-Thomas, au fond du golfe de Guinée, les Portugais se sont établis depuis trois siècles, et n'y sont pas devenus plus foncés que les habitants actuels de Portugal. Les Lapons et les Groënlandais, nés sous un ciel de glace, ont la peau bien plus brune que les Malais, qui habitent les parties les plus chaudes de l'univers. Si le climat avait l'influence qu'on lui suppose, les nègres et les négresses transportés en Europe finiraient par devenir blancs, leur postérité du moins montrerait une certaine tendance à s'identifier avec la nôtre. Vainement objectera-t-on que les habitants des campagnes ont le teint plus hâlé que les habitants des villes, et dira-t-on que cette couleur est due soit au soleil, soit à la civilisation. Leurs enfants naissent avec le teint aussi blanc que les citadins les plus délicats. Ce n'est pas du reste à la même cause qu'il faut rapporter la couleur du nègre et la carnation foncée du paysan. Il existe chez tous les hommes, dans la partie de la peau qui porte le nom de *derme*, une couche appelée la *couche pigmentaire*, qui est incolore chez les Européens, noire chez les Éthiopiens, cuivrée chez les Américains, etc. Le teint hâlé des paysans n'est pas dû à une coloration plus grande de cette couche, mais à une décomposition partielle de l'épiderme produite par la chaleur du soleil, de même qu'une feuille de papier jetée dans le feu noircit avant de brûler. La vérité de cette explication est prouvée par la facilité avec laquelle le teint des paysans s'éclaircit pendant leurs maladies. Tous les colons conservent les caractères qui les distinguaient avant leur migration. Les Hollandais établis depuis des siècles dans la partie australe de l'Afrique ne sont pas devenus des Hottentots et ne tendent pas à le devenir. Pourquoi, si l'hypothèse que nous examinons est fondée, l'Amérique, dans toute son étendue, avec ses climats si divers, ne produisait-elle que des races plus ou moins rouges ? Pourquoi, dans les régions hyperboréennes, dans celles où l'influence du soleil se fait le moins sentir, trouve-t-on des peuples aussi noirs que ceux qui naissent sous la ligne ?

Ainsi les climats, la nature des institutions, les circonstances extérieures de tout genre n'ont aucune action décisive et démontrée sur les caractères physiques des hommes. Quelques physiologistes, obligés d'en convenir, ont cherché ailleurs des causes aux variétés humaines, elles ont attribuées au hasard. Suivant eux, des monstruosités se sont produites, et se sont perpétuées par voie de génération. Ici encore les exemples tirés, soit des hommes, soit surtout des animaux, se présentent en foule. Prichard rapporte, qu'en 1791, dans la ferme de Seth-Wright, une brebis mit bas un jeune mâle qui se trouva par hasard avoir les jambes plus courtes et le corps plus long que le reste de sa race ; les jambes de devant étant en outre crochues, la conformation de cet animal le rendait incapable de franchir les clôtures. On réussit à propager cette particularité par des accouplements, et au bout de quelques années, on obtint une nouvelle race de moutons que l'on nomme la race *loutre*. Toutes les fois que le père et la mère possèdent cette conformation, les agneaux en héritent. Il s'est ainsi formé une véritable race qui se reproduit toujours avec les mêmes caractères, caractères, il est vrai, dus au hasard, mais indépendant des climats et permanents. On a obtenu également des cochons très bas sur jambes et très faciles à engraisser, se distinguant même des pures ordinaires par la forme de leur pied, dont les deux doigts principaux se soudent et forment un sabot unique. Les exemples de transformations ainsi opérées et perpétuées sont nombreux, et la singularité des races ainsi formées offre, il est vrai, une certaine analogie avec la diversité de certaines races humaines. Cependant on ne cite guère d'exemples pareils parmi les hommes. En voici un, le seul, je crois, et encore, comme on le verra tout à l'heure, il est loin d'être concluant. En 1731, on présenta à la Société royale de Londres un garçon âgé de quatorze ans, né dans le Suffolk, dont toute la personne était recouverte d'une sorte de carapace de couleur obscure, exactement appliquée sur toutes les parties du corps, analogue, pour la structure et la dureté, à une écorce d'arbre ou à du cuir grossier. Cette enveloppe, qui recouvrait le corps tout entier, à l'exception de la face, de la paume des mains et de la plante des pieds, était insensible. Elle avait environ trois quarts de pouce d'épaisseur, se détachait tous les ans à l'automne, et était alors remplacée par une nouvelle peau de même espèce. Cet individu grandit ainsi sans pouvoir se débarrasser de ce singulier vêtement. Il se maria, eut six enfants, et chez chacun d'eux la même enveloppe apparut dès l'âge de six semaines. Si ces enfants avaient vécu et s'étaient mariés, dit M. Prichard, cet homme serait devenu la souche d'une race plus différente des autres hommes que les blancs ne diffèrent des nègres, et les partisans de la diversité n'auraient pas manqué d'en faire une espèce à part.

Assurément cette opinion est spécieuse, et cette race, si elle existait, occuperait beaucoup les ethnologistes ; mais elle n'existe pas, et il est remarquable que les monstruosités que le hasard a produites chez les hommes n'ont jamais persisté au-delà d'une ou tout au plus de deux générations. Il est impossible, ici comme tout à l'heure, de conclure, avec certitude des animaux aux hommes, puisque les faits observés chez les premiers ne se sont jamais présentés chez les seconds. L'antiquité de toutes les races est encore un argument. Si les variétés humaines étaient dues à des accidents, il s'en produirait chaque jour de nouvelles, ce qui n'arrive pas ; si elles ne formaient pas des divisions naturelles dans le genre humain, quelques-unes disparaîtraient, ce qui n'arrive pas non plus. Il faudrait, pour que cette théorie fût vraisemblable, alléguer des exemples de races ainsi formées, et l'on n'en peut citer aucun. Il est impossible, il est vrai, de prouver *à priori* que de pareilles variétés accidentelles ne sauraient se produire et se perpétuer ; mais ici, comme tout à l'heure, c'est à ceux qui annoncent de pareils faits à les démontrer, ou au moins à les rendre vraisemblables par des exemples. Enfin je ne m'arrêterai pas à relever la singularité d'une opinion qui attribue au hasard la forme, la structure, la couleur et jusqu'à l'intelligence d'une grande partie des habitons du globe.

On a encore donné d'autres moins pour expliquer les différences humaines ; mais ils sont trop peu scientifiques pour nous arrêter longtemps. Ainsi le père Lafiteau pensait que les nègres naissent noirs et les Caraïbes rouges à cause de l'habitude qu'avaient leurs premiers pères de se peindre en noir ou en rouge. Les négresses, voyant leurs maris teints en noir, en eurent l'imagination si frappée, que leur race s'en ressentit pour jamais. La même chose arriva aux femmes caraïbes, qui, par la force de l'imagination, accouchèrent d'enfants rouges. Cette opinion singulière était partagée par les anciens, qui croyaient, comme le dit Aristote, que le fœtus prend l'empreinte des affections du père et de la mère, et des mille pensées qui les agitent. Hippocrate lui-même rapporte qu'une Éthiopienne, ayant mis au jour un fils d'une grande beauté, fut soupçonnée d'adultère ; elle demanda qu'on regardât la peinture qui était sur son lit, et comme on trouva des figures remarquables par leur beauté, elle fut lavée de tout soupçon. Un fait analogue est arrivé en Russie au commencement de ce siècle. Une dame noble mit au monde un mulâtre, et l'académie de Moscou décida que, la dame ayant un domestique nègre, il fallait attribuer à sa vue la couleur singulière de l'enfant. Cette influence de l'imagination a été longtemps admise, même chez les animaux. Vanini, sur l'autorité d'Aristote, pensait que, pour obtenir des poulains de couleur verte, il suffisait de couvrir le père et la mère de housses de cette couleur. Enfin les brebis de Jacob naquirent aussi bigarrées, par l'adresse qu'il avait eue de mettre devant leurs yeux, lorsqu'elles allaient à l'abreuvoir, des branches dont la moitié était écorcée. Pline et Rabelais parlent d'un animal auquel ils donnent le nom de *tarande*, qui change de couleur suivant les objets qui passent devant ses yeux. Mais, quand même on accepterait tous ces faits, quand même l'histoire de cette femme que cite Prichard et qui se transformait en négresse à l'époque de ses couches serait véritable, des accidents particuliers ne produiraient pas des effets permanents ; je passe donc au dernier argument, à la raison décisive, suivant M. Hollard : je veux parler de la facilité avec laquelle les diverses races humaines peuvent se mêler ensemble et produire des métis féconds. Là est sans contredit le point le plus fort de la théorie des unitaires.

La classe des mammifères, à laquelle appartient l'homme dans la classification de Cuvier, se divise en trois sous-classes séparées les unes des autres par des différences organiques et physiologiques. Chacune de ces sous-classes renferme une série d'ordres faciles à distinguer et bien caractérisés. Pour apprécier leurs différences, il suffit de comparer, par exemple, les mains des singes aux pattes des animaux carnassiers, aux pieds des chevaux, aux ailes des chauves-souris, sans compter les autres distinctions tirées du système dentaire. Les ordres comprennent les familles qui se distinguent entre elles par le nombre des doigts, la forme des membres, le nombre et la configuration des dents. Ainsi les ours ou plantigrades appuient leur talon sur le sol ; les chiens, digitigrades, marchent sur leurs doigts ; les singes de l'ancien continent n'ont que vingt dents molaires, tandis que les sapajous du Nouveau-monde en ont vingt-quatre. Enfin la distinction entre les genres d'une même famille est aussi facile à faire. Le genre orang manque de queue et d'abat-joues ; le genre chien joint à des ongles immobiles et propres à creuser le sol une langue à surface unie et deux dents tuberculeuses derrière la principale dent carnassière, ce qui indique la faculté de mêler quelques substances végétales à son régime animal, tandis que son genre le plus voisin, le genre chat, a des ongles crochus munis d'un ligament élastique qui lui permet de les faire sortir et de les retirer à volonté ; en outre, il n'a qu'une dent tuberculeuse rudimentaire à la mâchoire supérieure. On le voit par ces exemples, les caractères génériques sont appareils et faciles à constater, car ils intéressent à la fois l'organisation et les actes de l'animal ; ils décident deson régime et de son mode de locomotion. Nous ne devons pas nous attendre à trouver entre les diverses espèces d'un même genre, des différences de même nature. La marche du naturaliste est ici beaucoup plus incertaine. Dans le genre éléphant, par exemple, en quoi diffèrent les deux espèces, l'éléphant des Indes et celui du continent africain ? Les oreilles du second sont plus grandes que celles du premier, son front est plus bombé, ses défenses plus fortes, ses pieds de derrière n'ont que trois ongles au lieu de quatre ; enfin, tandis que les dents mâche-lières de l'espèce asiatique sont surmontées de bandes étroites et sinueuses, celles de l'éléphant d'Afrique portent des saillies en forme de losanges. De même dans le genre cheval on distingue six espèces : le zèbre, l'âne, l'hémione, le cheval, le couagga et le dauw, qui ne diffèrent guère que par la couleur du poil et la nature du cri. La ressemblance des espèces est encore plus grande chez les rats, où les lemmings Scandinaves ne se distinguent des races ouraliennes que par l'habitude qu'ont les premiers de ne point faire provision de vivres et de n'habiter qu'une salle unique, tandis que les seconds se creusent des appartements à plusieurs chambres, et se préparent une nourriture pour l'hiver en faisant provision de *lichen rangiferinus*. Assurément ces différences sont bien moins considérables que celles qui séparent les Européens des Éthio-piens, les Mongols des Hottentots ; mais aucun de ces exemples ne nous donne un caractère bien net, qui serve à distinguer dès le premier abord si deux animaux appartiennent à la même espèce. Un grand nombre de naturalistes crurent avoir trouvé ce caractère dans la fécondité. Suivant Buffon, tous les animaux qui ne peuvent produire ensemble des métis féconds sont d'espèces différentes, tandis que ceux qui peuvent donner naissance par leur croisement à des animaux féconds sont de la même espèce. M. Flourens a sou-tenu de nos jours cette opinion avec toute l'autorité de sa science et de son talent. Suivant lui, tous les individus qui composent un genre se ressemblent trop pour que l'on puisse trouver en eux des caractères distinctifs organiques, et la seule manière d'établir des espèces immuables et bien limitées, c'est de ne s'occuper que de la fécondité. Or les hommes de tous les pays peuvent produire ensemble, ont même du penchant aux croisements avec les races les plus éloignées ; ils sont donc tous de la même espèce et descendent d'une souche commune. Quoiqu'il soit impossible de déterminer comment les différences humaines se sont produites, cependant cette aptitude à la génération prouve leur identité spécifique.

M. Hollard considère cet argument comme décisif, et le développe avec soin. À son avis, c'est là le *critérium* de l'espèce, les autres caractères ne sont rien. Est-ce bien vrai ? Ce caractère est-il le seul, et se rencontre-t-il dans toutes les espèces ? Enfin n'a-t-il pas l'inconvénient d'être très difficile et souvent impossible à déterminer ? Une observation, même superficielle, nous montre d'abord de nombreux exemples de croisements entre des animaux que tous les naturalistes considèrent comme appartenant à des espèces distinctes. Sans compter le cheval et l'âne, qui produisent des mulets stériles, la poule et le faisan, l'ægagre et la brebis, l'alpaca et la vigogne, le serin, la linotte et le chardonneret, produisent des métis tantôt stériles, tantôt féconds. Il n'est point prouvé même que toutes nos variétés de chiens soient la dégradation, la déviation d'un seul type. D'après M. Bérard, il est probable que tout le gros bétail dans les fermes transalléghaniques de la confédération américaine est une race nouvelle provenant de l'union du bison américain avec notre bœuf européen. Est-il même démontré d'une manière certaine que tous les hommes puissent donner naissance à des métis indéfiniment féconds ? L'expérience est impossible à faire, et elle se produit très rarement dans la nature. En général, les métis se mêlent aux peuples qui leur ont donné naissance ; ils s'unissent très rarement entre eux. Enfin ce caractère, admis comme unique base de la classification des espèces, a l'inconvénient d'être d'une vérification impossible dans un grand nombre de cas ; nul nous assure, par exemple, que l'éléphant d'Asie et celui d'Afrique ne peuvent s'unir ? peut-on faire reposer une classification aussi importante sur une expérience toujours difficile et incertaine ? Ce caractère, dont on ne saurait méconnaître l'importance, ne peut donc pas être admis sans contestation comme une qualité nécessaire de l'espèce. Il se rencontre le plus habituellement ; mais, lorsqu'il manque et que d'autres raisons subsistent, il ne faut pas changer la classification. Si l'on découvrait demain que le barbet et le lévrier ne produisent pas ensemble, il ne faudrait pas créer de nouvelles espèces, et de même, si ces chimpanzés, qui se bâtissent, dit-on, des huttes pour y vivre avec des négresses, réussissaient dans l'instinct qui leur est attribué par Buffon, en résulterait-il que les noirs ne sont pas des hommes ?

Quel est donc le caractère spécifique ? Peut-on donner de l'espèce une définition nette et précise ? Existe-t-il même nécessairement des espèces, comme notre esprit est porté à le supposer ? On serait tenté d'en douter, lorsqu'on remarque que les autres divisions de la zoologie, adoptées dans l'intérêt de la méthode et pour porter de l'ordre dans une science très étendue, offrent si peu de difficultés, sont si peu contestées en elles-mêmes, tandis qu'on ne peut ni s'entendre sur le sens du mot *espèce*, ni déterminer un signe réel et invariable de distinction entre les diverses classes que l'on appelle de ce nom. Cependant il faut reconnaître que tout le monde s'accorde pour admettre des espèces, pour en fixer le nombre, pour représenter par cette dénomination le premier degré de généralité permanente auquel la pensée élève l'individu, — une collection naturelle d'êtres qui ne peut jamais être réduite à l'identité avec une autre collection analogue. Seulement le caractère physique qui doit faire réunir dans une même espèce certains individus n'a pas encore été déterminé d'une manière précise. Cuvier a dit que tous les individus descendus d'un seul couple ou découplés identiques sont de la même espèce. Cela est vrai : c'est bien là, selon nous, ce qu'on doit entendre par *espèce*, ce n'est qu'alors que la classification devient nette et immuable. Si du reste on n'admet pas ce principe, la question qui nous occupe devient peu intéressante à discuter. On ne recherche s'il y a plusieurs espèces humaines que pour savoir s'il a existé originairement plusieurs couples différents. Mais cette définition, de même qu'une autre analogue donnée par M. de Candolle, ne peut guère servir à la classification, puisque le caractère sur lequel elle repose est impossible à reconnaître directement. Ce qu'il faudrait trouver, c'est un caractère général qui nous indique que tous les animaux dans lesquels on le remarque descendent de parents identiques. Blumenbach disait que tous les animaux qui ont des caractères communs très importuns appartiennent à la même espèce, lorsque leurs caractères différentiels peuvent être attribués aux climats et aux autres circonstances extérieures. Cette définition n'est pas non plus assez pratique. Ainsi, nous le voyons, tantôt les définitions proposées pour l'espère ne sont pas assez générales, et laissent, comme la définition de Buffon et de M. Flourens, certaines espèces en dehors, tantôt elles conviennent à l'objet défini, mais alors elles sont trop vagues et ne peuvent servir à la classification. Pour être d'accord avec les faits, la définition de l'espèce doit exclure la variabilité illimitée, car il est bien évident qu'il y a des types toujours identiques et qui restent toujours les mêmes, quelles que soient les circonstances ; mais elle ne doit pas supposer la fixité absolue du type spécifique, puisque souvent deux espèces différentes peuvent se croiser. Ces deux ordres d'idées sont difficiles à faire entrer dans le cercle étroit d'une définition courte, claire et précise. On peut dire d'une manière générale qu'une espèce d'animaux ou de végétaux est l'ensemble des individus qui, ayant hérité d'une organisation semblable dans ses principaux détails, peuvent remonter à des êtres propagateurs semblables entre eux, et dont les différences d'organisation peuvent par conséquent s'expliquer par l'action prolongée des causes tant naturelles qu'artificielles.

Assurément cette définition n'est pas excellente : elle a un peu les défauts reprochés à celles de Cuvier et de Blumenbach ; mais jusqu'ici il n'y en a guère de meilleure. Est-il du reste absolument nécessaire de donner une définition des diverses classes de la zoologie ? Jusqu'ici, on ne l'a pu pour aucune d'elles, ni pour les genres, ni pour les ordres, ni pour les familles ; celle de l'espèce serait plus utile, mais malheureusement il n'en résulte pas qu'elle soit plus facile à trouver. D'autres caractères viennent d'ailleurs en aide aux naturalistes, et, étant donné un animal, il est assez facile de déterminer à quelle espèce il appartient. Parmi ces caractères, l'infécondité réciproque ou la stérilité des produits joue, un rôle important, j'en conviens, mais non infaillible. En outre, la nature, les formes de ce produit ne sont pas indifférentes. On a remarqué que les animaux engendrés par des parents d'espèce différente ressemblent à peu près également au père et à la mère. Ainsi le produit de l'âne et du cheval tient à la fois de ces deux animaux. Il en est de même du produit du bison et du bœuf, de celui du blanc et du nègre. Si au contraire les deux parents appartiennent à la même espèce, le produit ressemblera beaucoup plus à l'un qu'à l'autre. Une expérience que les unitaires ont longtemps citée en leur faveur va nous en offrir un exemple. M. Coladon, pharmacien de Genève, en accouplant des souris grises et des souris blanches, a obtenu des produits les uns gris, les autres blancs, ces deux variétés de souris étant de la même espèce. Le même fait se présente, à un degré moindre, pour les enfants provenant du mélange de peuples très voisins. Ainsi l'enfant d'un Anglais et d'une Française reproduira le type anglais ou le type français, mais tiendra rarement au même degré de ses deux parents. Ce principe n'est pas constant, mais il est généralement vrai. Cela tient, me dit-on, à ce que, dans le dernier cas, les différences entre les deux parents étant peu considérables, nous n'apercevons dans le produit que le trait le plus marquant du père ou de la mère ; mais, si nous regardions plus attentivement, nous retrouverions des traits, moins accentués sans doute, mais visibles cependant de l'autre parent. Quand même cela serait exact, quand même ce fait que nous observons serait dû à une loi d'équilibre, il n'en resterait pas moins un fait, et il montrerait ce que nous tenons surtout à prouver, à savoir que la différence entre le blanc et le nègre, le jaune et le cuivré, est analogue à la différence qui existe entre deux espèces animales, l'âne et le cheval par exemple.

Cependant, chez les animaux et les végétaux, les espèces se reproduisent et se perpétuent sans se mêler ni se confondre les unes avec les autres. La nature veut que les créatures de toute sorte croissent et se multiplient en propageant leur propre espèce et non point une autre. Si les espèces pouvaient se mêler, si une séparation profonde n'existait pas entre elles, l'ordre et la variété ne pourraient se conserver à la fois dans la création animale et végétale ; le monde ne présenterait bientôt qu'une scène de confusion universelle. Comment supposer qu'outre les exceptions peu nombreuses que nous avons mentionnées, le genre humain puisse présenter le même phénomène, et que toutes les espèces d'hommes puissent se mêler indistinctement, sans qu'il soit possible de retrouver les types primitifs et de déterminer les caractères de chaque espèce ? Pourquoi la nature aurait-elle moins fait pour les hommes que pour les animaux et les plantes ? Cette objection serait sérieuse, si l'on n'apercevait le remède à côté du mal, si la nature n'avait employé ici un procédé qui conduit au même résultat que l'infécondité réciproque des espèces, mais qui diffères dans ses moyens. Loin que les hommes, en se mêlant, produisent des types variés à l'infini, nous voyons au contraire les formes des hybrides varier entre des limites très restreintes. Les différences caractéristiques des hommes sont douées d'une force de résistance qui brave non-seulement les influences climatériques, mais même les croisements les plus répétés. Lorsque deux races ou deux espèces différentes se mélangent, les produits tiennent des deux parents, et il semble que ce croisement doive éteindre les types primitifs ; mais si ces métis s'unissent à des individus appartenant à l'espèce d'un de leurs parents, leurs enfants tendront à reprendre les caractères qui distinguent ce type, et au bout de quelques générations, si des unions du même genre se produisent, on ne retrouvera plus de traces de l'autre type. Si dans une population blanche on introduit une certaine quantité de noirs, au bout d'un très petit nombre de générations, le type noir est absorbé et ne se retrouve dans aucun des enfants. La même chose arrive pour les animaux d'espèce différente que l'on parvient à croiser ; toujours les produits tendent à reprendre les caractères de l'un des types mélangés. Cette persistance des types nous montre que les différences humaines sont loin d'être dues au hasard ou aux climats, et apporte une assez forte probabilité en faveur de la doctrine de la diversité des espèces. C'est grâce à cette loi de la nature que l'on peut espérer de retrouver les types des races primitives au milieu des croisements sans nombre que les invasions, les conquêtes, les colonisations, ont occasionnés. Nous avons déjà donné quelques exemples de cette persistance en citant les Juifs et les Grecs. Ce ne sont pas les seuls, à beaucoup près. Ainsi M. Edwards a distingué en France les anciens Galls des Kimris ; il a retrouvé dans l'armée autrichienne des Huns assez nombreux. Pour qu'un type disparut tout à fait, il faudrait que deux races fussent mélangées à parties égales, et que les métis pussent s'unir tous entre eux. Or ce cas ne s'est probablement jamais présenté. Un peuple qui en subjugue un autre n'envoie à la conquête qu'une partie de ses enfants, le gros de la nation reste chez lui sans être exposé au mélange. Les vainqueurs sont d'ordinaire peu nombreux par rapport aux vaincus. Pour l'histoire, lorsqu'un peuple a été conquis, lorsqu'il a perdu son indépendance, il a cessé d'exister, et dans ces révolutions politiques comme dans les bouleversements de l'ancien monde, on croirait que chaque époque désastreuse a fait disparaître les races qui avaient subsisté jusqu'alors. Pour la physiologie, il n'en est pas de même : les vainqueurs se mêlent aux vaincus ; ce nouveau sang, en général d'une nature supérieure, vivifie celui du peuple, conquis, et, en lui apportant de nouveaux éléments, lui apporte aussi de nouvelles tendances, une nouvelle politique. Bientôt, la masse des vainqueurs étant proportionnellement fort petite, le sang ainsi apporté est absorbé, il disparaît, et le peuple, vaincu reprend sa nature primitive, si d'autres causes ne viennent la modifier. Dans un ouvrage[1] plein de sagacité et d'instruction, un écrivain a naguère attribué à ce mélange et à cette absorption des races, à ces changements qui se passent dans la nature intime, dans l'organisation des peuples, les principales variations de leurs institutions et de leur politique.

Nous avons exposé à peu près tous les arguments des unitaires. S'ils ne paraissent pas suffisants pour ruiner la doctrine de la diversité des espèces humaines, il faut avouer aussi que cette dernière n'est pas elle-même rigoureusement démontrée. On l'appuie d'un assez grand nombre d'arguments négatifs, mais c'est tout. Avant de passer en revue quelques dernières raisons que l'on peut donner en sa faveur, indiquons quelques curieuses théories inventées dans l'hypothèse d'un couple unique, souche de tous les hommes, et recherchons la structure, la forme, la couleur que l'on a attribuées au premier homme. Au premier abord, il semble qu'Adam dût être paré de toutes les qualités physiques et morales dont s'enorgueillissent les races supérieures, et appartenir à l'espèce que nous considérons comme la première de toutes par la beauté de ses formes et la grandeur de son intelligence. L'Apollon du Belvédère nous paraîtrait à peine assez beau pour avoir servi de père à tous les hommes. Cependant un naturaliste, convenant que jamais les climats ni les accidents de l'organisation n'ont fait un nègre d'un blanc, a pensé qu'il est plus facile de passer de la couleur noire à la couleur blanche, et a fait d'Adam un nègre d'Abyssinie. M. Prichard a, je crois, le premier émis cette opinion. Suivant lui, l'homme à l'état sauvage est naturellement noir ; c'est la civilisation qui le fait blanchir. Plus un homme est civilisé, plus sa couleur est claire. Ainsi la plupart des peuples sauvages sont bruns ou noirs ; les peuples civilisés au contraire sont jaunes ou blancs. Dans un

---

1 *Essai sur l'Inégalité des Races Humaines*, par M. A. de Gobineau ; 2 vol. in-8°. Firmin Didot, 1853.

même peuple, cette distinction est aussi frappante : ainsi les paysans ont le teint plus foncé que les habitants des villes. On a déjà réfuté cette opinion, et démontré que le climat et la civilisation n'agissent pas d'une manière durable sur la couleur de la peau, il est évident que le teint ne peut pas plus blanchir qu'il ne peut noircir, il est même inutile de combattre sérieusement une opinion qui nous donne pour pères ceux que nous sommes habitués à regarder comme placés aux derniers rangs de notre espèce. L'humanité est en progrès, cela est vrai, mais ce ne peut être au point d'avoir transformé ainsi le genre humain. Il est difficile d'admettre que l'homme soit sorti aussi informe des mains du Créateur. Je n'ai pas une grande idée des premiers hommes, je pense cependant que, sous le rapport des formes, nous avons plutôt dégénéré. La civilisation, les arts, l'industrie, la liberté, sont d'assez beaux dons acquis pour que nous puissions consoler la vanité de nos ancêtres en leur abandonnant la beauté physique.

D'autres partisans de l'unité ont adopté un moyen terme, et pensé que celui qu'ils considéraient comme le premier homme, était rouge, de sorte qu'il avait très peu de changements à subir dans un sens pour devenir blanc, et dans l'autre pour devenir noir. Étrange supposition ! Quoi ! ces hommes qui n'ont jamais pu être civilisés, dont le pays n'a porté cette nation dont nous admirons et envions aujourd'hui les institutions et la liberté que lorsque la race primitive avait entièrement disparu, ces hommes qui ne peuvent vivre que de la vie sauvage, que Bougner, Antonio Ulloa, La Condamine, Robertson, considéraient comme des brutes incapables d'aucun développement intellectuel, seraient les ancêtres du genre humain !

Au XVIIIe siècle, on avait inventé une théorie singulière pour expliquer les variétés humaines. Il faut se rappeler que quelques naturalistes, et George Cuvier lui-même, croient à l'éternité des germes. Ils pensent que les embryons de tous les individus, animaux ou plantes, qui ont existé ou existeront dans la suite, étaient enfermés dans l'individu primitif, et qu'ainsi Dieu, au lieu de créer chaque germe au moment ou il se développera produit en une seule fois, à l'origine du monde, les germes de tous les êtres organisés. Or un physiologiste du XVIIIe siècle, appliquant à l'homme cette doctrine, a pensé que la première femme portait dans son sein les germes de tous les hommes futurs emboîtés les uns dans les autres ; mais les peuples n'étant pas tous pareils, les germes ne pouvaient pas l'être davantage, et se distinguaient dès l'origine par différentes couleurs. Ces germes se transmettraient ainsi de femme en femme, et leur nombre diminuerait chaque jour, à mesure qu'ils écloraient, de sorte qu'il pourrait arriver qu'un jour il n'y en eût plus et que le genre humain pérît. Ce n'est pas tout : il résulte de cette théorie qu'il ne serait pas impossible qu'un jour la suite des œufs blancs qui peuplent nos régions venant à manquer, toutes les nations européennes changeassent de couleur, comme il ne serait pas impossible aussi que la source des œufs noirs étant épuisée, le monde entier n'eût plus que des habitants blancs. Cette conclusion seule suffirait à faire rejeter cette opinion. L'emboîtement des germes est du reste une théorie abandonnée. L'immense quantité d'ovules qu'aurait renfermés le premier individu de chaque espèce la rend matériellement impossible. M. Strauss-Durckheim, dans un livre intéressant,[1] voulant se former une idée, sinon exacte, du moins approximative, d'une telle quantité, a calculé combien de germes devait renfermer la première plante d'un genre déterminé. Il s'est placé dans les circonstances les plus favorables au système de l'emboîtement, car il a pris pour base le pavot, plante annuelle qui meurt après avoir produit ses graines, tandis que les plantes vivaces en produisent pendant plusieurs années. Le pavot donne environ cinq à six mille graines par an. Pour simplifier son calcul, M. Strauss-Durckheim n'en a supposé que mille. La première plante de cette espèce, créée directement de Dieu, a donc produit la première année de la création mille graines ; chacune de ces graines en a produit mille l'année suivante, et ainsi de suite. Chaque année a donc produit ou a pu produire (car toutes les graines ne germent pas ; mais pour le calcul cela est indifférent, puisque toutes pourraient germer) mille fois autant de pavots qu'il y en avait l'année précédente. Or la création remonte à peu près à six mille ans. Par un calcul très simple, M. Strauss-Durckheim a cherché le nombre de germes que devait contenir le premier pavot, en admettant que le monde finira cette année, et sans avoir égard aux germes qui doivent naître plus tard jusqu'à ce que le déboîtement soit entièrement terminé et que la race des pavots soit éteinte, il a trouvé pour

1 *Théologie de la Nature*, pat II. Strauss-Dorckheim, docteur ès-sciences ; 3 vol. in-8°. Victor Masson, 1852.

Des races humaines

ce nombre le chiffre difficile à écrire et à énoncer de *l'unité suivie de dix-huit mille zéros*. L'énormité de ce nombre prouve presque à elle seule l'absurdité du système. En supposant en effet la terre formée uniquement de germes de pavots, chaque germe ayant un millimètre de diamètre, elle n'en renfermerait qu'une quantité représentée par le *chiffre 2 suivi de trente zéros*, quantité à peine comparable à celle que nous avons trouvée tout à l'heure.

Toutes ces impossibilités, toutes ces explications plus ou moins ingénieuses que l'on a été obligé d'inventer pour soutenir l'unité, donnent une certaine force à l'opinion émise d'abord par M. Virey et partagée aujourd'hui par un grand nombre de naturalistes. Si l'on n'avait pas une certaine répugnance instinctive à croire à une inégalité originelle et permanente entre les hommes, si notre esprit, que sa nature porte à tout simplifier, n'avait pas toujours cru mieux comprendre la création en la restreignant, si chaque peuple n'avait un certain penchant à se regarder comme une seule famille, les différences profondes et permanentes que nous avons signalées entre les hommes, l'impossibilité d'attribuer ces différences aux circonstances atmosphériques ou aux hasards de l'organisation, les exemples tirés des animaux, la difficulté de trouver pour les variétés limitâmes des explications rationnelles ou scientifiques, auraient partout fait naître des doutes sur la doctrine de l'unité d'espèce. La connaissance des lois générales de la nature vient elle-même opposer à cette doctrine un nouvel argument. S'il existe dans le monde une loi constante, claire dans son but, évidente dans ses moyens, c'est la profusion avec laquelle la nature produit les germes de tous les êtres organisés. Les précautions qu'emploie la Providence pour propager et faire durer ses créations sont infinies. Chaque année, chaque instant voit naître des germes de toute espèce dont une très faible partie, peut éclore. Ce que nous voyons se produire Ions les jours sous nos yeux, pourquoi ne pas l'admettre aux premiers jours du monde habité ? Pourquoi le rejeter alors que cette profusion était plus nécessaire ? Est-ce une chose si simple que de penser que ces myriades d'animaux de toute forme et de toute nature répandue sur notre globe aient tous été procréés par un seul père et une seule mère de leur espèce ? Ces végétaux si nombreux qui ne peuvent supporter la transplantation ont-ils été tous produits dans un même lieu par un seul végétal ? Peut-on se

Paul de Rémusat

faire une idée de la terre ainsi parée d'une seule plante de chaque espèce, de ces forêts, aujourd'hui immenses, formées alors par un seul arbre ? Si les gazons qui couvrent de vastes étendues étaient représentés par un seul individu de chacune des graminées qui les composent, où les animaux auraient-ils trouvé leur nourriture sur cette terre à peu près nue ? Dans un océan désert, comment les premiers couples de poissons auraient-ils vécu ? La reproduction dans le règne animal et dans le règne végétal n'aurait-elle pas été subitement arrêtée par la destruction, et les races les plus fortes, après avoir dévoré les plus faibles, ne seraient-elles pas mortes de faim ? Ce que nous disons des végétaux et des animaux pourrait, dans une certaine mesure, s'appliquer aux hommes. La raison ne voit aucune objection à ce que la même profusion conservatrice ait présidé à la formation du genre humain, et celui-ci pourrait avoir paru à la fois ou successivement sur plusieurs points de la surface de la terre. La même main qui a fait croître l'herbe dans les campagnes de l'Amérique n'a-t-elle pu y mettre les hommes ? Cette hypothèse, dont nous n'ignorons pas les difficultés, expliquerait mieux ces différences de race qu'on a tant de peine à ne pas tenir pour des différences spécifiques. Dans tous les cas, on ne peut sans hésitation supposer la Providence abandonnant aux hasards qui pouvaient menacer un seul couple la vie et l'avenir de l'humanité. Tel n'est pas du moins l'ordre de la nature comme la science nous le fait connaître, et, si l'on rejette le système que nous indiquons, c'est qu'il faut concevoir le temps primitif de notre monde comme un ordre de choses tout à fait en dehors des données actuelles de l'expérience et de l'induction.

ISBN : 978-1534946583